Flôrbela Espanca

Livro
de
"Sóror Saudade"

Florbela Espanca

—

Livro

de

"Sóror Saudade"

Edição da autora • • • • •
Deposito : — Sociedade Editora
Portugal-Brazil, Limitada • •
58, Rua Garrett, 60 — Lisboa •

FLORBELA ESPANCA

Livro
de
"Sóror Saudade"

Irmã, Sorór Saudade, ah! se eu pudesse
Tocar de aspiração a nossa vida,
Fazer do Mundo a Terra Prometida
Que ainda em sonho ás vezes me aparece!

(AMERICO DURÃO)

Il n'a pas à se plaindre celui qui attend
un sentiment plus ardent et plus généreux. Il
n'a pas à se plaindre celui qui attend le désir
d'un peu plus de bonheur, d'un peu plus de
beauté, d'un peu plus de justice.

(MAETERLINCK
—*La Sagesse et la*
Destinée)

INDICE

«SÓROR SAUDADE»

A Américo Durão

Irmã, Sóror Saudade me chamáste...
E na minh'alma o nome iluminou-se
Como um vitral ao sol, como se fosse
A luz do próprio sonho que sonháste.

Numa tarde de outôno o murmuráste;
Toda a mágua do outôno ele me trouxe;
Jámais me hão de chamar outro mais dôce:
Com ele bem mais triste me tornáste...

E baixinho, na alma da minh'alma,
Como benção de sol que afaga e acalma,
Nas horas más de febre e de ansiedade,

Como se fossem pétalas caindo,
Digo as palavras desse nome lindo
Que tu me déste: «Irmã, Sóror Saudade»...

O NOSSO LIVRO

A A. G.

Livro do meu amôr, do teu amôr,
Livro do nosso amôr, do nosso peito...
Abre-lhe as folhas devagar, com geito,
Como se fossem pétalas de flôr.

Olha que eu outro já não sei compor
Mais santamente triste, mais perfeito.
Não esfolhes os lirios com que é feito
Que outros não tenho em meu jardim de dôr!

Livro de mais ninguem! Só meu! Só teu!
Num sorriso tu dizes e digo eu:
Versos só nossos mas que lindos sôis!

Ah, meu Amor! Mas quanta, quanta gente
Dirá, fechando o livro dôcemente:
«Versos só nossos, só de nós os dois!...»

O QUE TU ÉS

És Aquela que tudo te entristéce,
Irrita e amargura, tudo humilha;
Aquela a quem a Mágua chamou filha;
A que aos homens e a Deus nada merece.

Aquela que o sol claro entenebrece,
A que nem sabe a estrada que ora trilha,
Que nem um lindo amor de maravilha
Sequér deslumbra, e ilumina e aquéce!

Mar-Morto sem marés nem ondas largas,
A rastejar no chão, como as mendigas,
Todo feito de lágrimas amargas!

És ano que não teve primavera...Ah!
Não seres como as outras raparigas
Ó Princeza Encantada da Quimera!...

FANATISMO

Minh'alma, de sonhar-te, anda perdida.
Meus olhos andam cegos de te vêr!
Não és sequer razão do meu viver,
Pois que tu és já toda a minha vida!

Não vejo nada assim enlouquecida...
Passo no mundo, meu Amôr, a lêr
No misterioso livro do teu sêr
A mesma história tantas vezes lida!

«Tudo no mundo é fragil, tudo passa...»
Quando me dizem isto, toda a graça
Duma bôca divina fala em mim!

E, olhos postos em ti, digo de rastros:
«Ah! Podem voar mundos, morrer astros,
Que tu és como Deus: Principio e Fim!...»

ALEMTEJANO

Á Buja

Deu agora meio dia; o sol é quente
Beijando a urze triste dos outeiros.
Nas ravinas do monte andam ceifeiros
Na faina, alegres, desde o sol nascente.

Cantam as raparigas brandamente,
Brilham os olhos negros, feiticeiros;
E ha perfis delicados e trigueiros
Entre as altas espigas d'oiro ardente.

A terra prende aos dedos sensuais
A cabeleira loira dos trigais
Sob a benção dulcissima dos ceus.

Ha gritos arrastados de cantigas...E eu sou
uma daquelas raparigas...E tu passas e dizes:
«Salve-os Deus!»

FUMO

Longe de ti são ermos os caminhos,
Longe de ti não ha luar nem rosas,
Longe de ti ha noites silenciosas,
Ha dias sem calor, beirais sem ninhos!

Meus olhos são dois velhos pobrezinhos
Perdidos pelas noites invernosas...
Abertos, sonham mãos cariciosas,
Tuas mãos dôces, plênas de carinhos!

Os dias são outônos: choram... choram...
Ha crisantemos roxos que descóram...
Ha murmúrios dolentes de segrêdos...

Invoco o nosso sonho! Estendo os braços!
E ele é, ó meu Amôr, pelos espaços,
Fumo leve que foge entre os meus dedos!...

QUE IMPORTA?...

Eu era a desdenhosa, a indiferente.
Nunca sentira em mim o coração
Bater em violencias de paixão,
Como bate no peito á outra gente.

Agora, olhas-me tu altivamente,
Sem sombra de desejo ou de emoção,
Enquanto as azas loiras da ilusão
Abrem dentro de mim ao sol nascente.

Minh'alma, a pedra, transformou-se em fonte;
Como nascida em carinhoso monte,
Toda ela é riso e é frescura e graça!

Nela refresca a bôca um só instante...
Que importa?... Se o cançado viandanteBebe
em todas as fontes... quando passa?...

O MEU ORGULHO

Lembro-me o que fui dantes. Quem me déra
Não me lembrar! Em tardes dolorosas
Eu lembro-me que fui a primavera
Que em muros velhos fez nascer as rosas!

As minhas mãos outróra carinhosas
Pairavam como pombas... Quem soubera
Porque tudo passou e foi quimera,
E porque os muros velhos não dão rosas!

São sempre os que eu recordo que me
esquécem.
Mas digo para mim: «não me merécem...»
E já não fico tão abandonada!

Sinto que valho mais, mais pobresinha:
Que tambem é orgulho ser sósinha,
E tambem é nobreza não ter nada!

OS VERSOS QUE TE FIZ

Deixa dizer-te os lindos versos raros
Que a minha bôca tem p'ra te dizer!
São talhados em mármore de Páros
Cinzelados por mim p'ra te oferecer.

Teem dolencias de veludos cáros,
São como sedas pálidas a arder...
Deixa dizer-te os lindos versos raros
Que foram feitos p'ra te endoidecer!

Mas, meu Amôr, eu não t'os digo ainda...
Que a bôca da mulher é sempre linda
Se dentro guarda um verso que não diz!

Amo-te tanto! E nunca te beijei...
E nêsse beijo, Amôr, que eu te não dei
Guardo os versos mais lindos que te fiz!

FRIÊSA

Os teus olhos são frios como as espadas,
E claros como os trágicos punhais;
Teem brilhos cortantes de metais
E fulgores de laminas geladas.

Vejo nêles imagens retratadas
De abandonos crueis e desleais,
Fantásticos desejos irreais,
E todo o oiro e o sol das madrugadas!

Mas não te invejo, Amôr, essa indiferença,
Que viver nêste mundo sem amar
É pior que ser cego de nascença!

Tu invejas a dôr que vive em mim!
E quanta vez dirás a soluçar:
«Ah! Quem me déra, Irmã, amar assim!...»

O MEU MAL

A meu irmão

Eu tenho lido em mim, sei-me de cór,
Eu sei o nome ao meu estranho mal:
Eu sei que fui a renda dum vitral,
Que fui cipréste e caravela e dôr!

Fui tudo que no mundo ha de maior;
Fui cisne e lirio e águia e catedral!
E fui, talvez, um verso de Nerval,
Ou um cínico riso de Chamfort...

Fui a heráldica flôr de agrestes cardos,
Deram as minhas mãos arôma aos
nardos...Deu côr ao eloendro a minha bôca...

Ah! De Boabdil fui lágrima na Espanha!
E foi de lá que eu trouxe esta ancia estranha!
Mágua não sei de quê! Saudade louca!

A NOITE DESCE...

Como pálpebras rôxas que tombassem
Sobre uns olhos cançados, carinhosas,
A noite desce... Ah! dôces mãos piedosas
Que os meus olhos tristissimos fechassem!

Assim mãos de bondade me embalassem!
Assim me adormecessem, caridosas,
E em braçadas de lirios e mimosas,
No crepúsculo que desce me enterrassem!

A noite em sombra e fumo se
desfaz...Perfume de baunilha ou de lilaz,
A noite põe-me embriagada, louca!

E a noite vai descendo, muda e calma...Meu
dôce Amôr, tu beijas a minh'alma
Beijando nesta hora a minha bôca!

CARAVELAS

Cheguei a meio da vida já cançada
De tanto caminhar! Já me perdi!
Dum estranho paiz que nunca vi
Sou neste mundo imenso a exilada.

Tanto tenho aprendido e não sei nada.
E as torres de marfim que construí
Em trágica loucura as destruí
Por minhas próprias mãos de malfadada!

Se eu sempre fui assim este Mar Morto:
Mar sem marés, sem vagas e sem porto
Onde vélas de sonhos se rasgaram!

Caravelas doiradas a bailar...Ai, quem me
déra as que eu deitei ao Mar!As que eu lancei
á vida, e não voltaram!...

INCONSTANCIA

Procurei o amor, que me mentiu.
Pedi á Vida mais do que ela dava;
Eterna sonhadora edificava
Meu castelo de luz que me caiu!

Tanto clarão nas trevas refulgiu,
E tanto beijo a bôca me queimava!
E era o sol que os longes deslumbrava
Igual a tanto sol que me fugiu!

Passei a vida a amar e a esquecer...
Atraz do sol dum dia outro a aquecer
As brumas dos atalhos por onde ando...

E este amor que assim me vai fugindo
É igual a outro amor que vai surgindo,
Que ha de partir tambem... nem eu sei
quando...

O NOSSO MUNDO

Eu bebo a Vida, a Vida, a longos tragos
Como um divino vinho de Falerno!
Poisando em ti o meu olhar eterno
Como poisam as folhas sobre os lagos...

Os meus sonhos agora são mais vagos...
O teu olhar em mim, hoje, é mais terno...
E a Vida já não é o rubro inferno
Todo fantasmas tristes e presagos!

A Vida, meu Amôr, quero vivê-la!
Na mesma taça erguida em tuas mãos,
Bôcas unidas hêmos de bebê-la!

Que importa o mundo e as ilusões defuntas?...
Que importa o mundo e seus orgulhos
vãos?...
O mundo, Amôr!... As nossas bôcas juntas!...

PRINCE CHARMANT...

A Raul Proença

No languido esmaecer das amorosas
Tardes que morrem voluptuosamente
Procurei-O no meio de toda a gente.
Procurei-O em horas silenciosas!

Ó noites da minh'alma tenebrosas!
Bôca sangrando beijos, flôr que sente...
Olhos postos num sonho, humildemente...
Mãos cheias de violetas e de rosas...

E nunca O encontrei!... Prince Charmant...
Como audaz cavaleiro em velhas lendas
Virá, talvez, nas névoas da manhã!

Em toda a nossa vida anda a quimera
Tecendo em frageis dedos frageis rendas...—
Nunca se encontra Aquele que se espéra!...

ANOITECER

A luz desmaia num fulgor d'aurora,
Diz-nos adeus religiosamente...
E eu que não creio em nada, sou mais crente
Do que em menina, um dia, o fui... outr'ora...

Não sei o que em mim ri, o que em mim
chora,
Tenho bênçãos d'amor p'ra toda a gente!
E a minha alma sombria e penitente
Soluça no infinito desta hora...

Horas tristes que são o meu rosário...
Ó minha cruz de tão pesado lenho!
Ó meu áspero e intérmino Calvario!

E a esta hora tudo em mim revive:
Saudades de saudades que não tenho...
Sonhos que são os sonhos dos que eu tive...

ESFINGE

Sou filha da charneca erma e selvagem:
Os giestais, por entre os rosmaninhos,
Abrindo os olhos d'oiro, p'los caminhos,
Desta minh'alma ardente são a imagem.

E anciosa desejo—ó vã miragem—
Que tu e eu, em beijos e carinhos,
Eu a Charneca, e tu o Sol, sòsinhos,
Fossemos um pedaço da paisagem!

E á noite, á hora dôce da ansiedade,
Ouviria da boca do luar
O *De Profundis* triste da saudade...

E, á tua espera, enquanto o mundo dorme,
Ficaria, olhos quietos, a scismar...
Esfinge olhando, na planicie enorme...

TARDE DEMAIS...

Quando chegáste emfim, para te vêr
Abriu-se a noite em mágico luar;
E p'ra o som de teus passos conhecer
Pôz-se o silencio, em volta, a escutar...

Chegáste, emfim! Milagre de endoidar!
Viu-se nessa hora o que não pode ser:
Em plena noite, a noite iluminar
E as pedras do caminho florescer!

Beijando a areia d'oiro dos desertos
Procurára-te em vão! Braços abertos,
Pés nús, olhos a rir, a bôca em flôr!

E ha cem anos que eu era nova e linda!...
E a minha bôca morta grita ainda:
Porque chegáste tarde, ó meu Amôr?!...

CINZENTO

Poeiras de crepúsculos cinzentos.
Lindas rendas velhinhas, em pedaços,
Prendem-se aos meus cabelos, aos meus
braços,
Como brancos fantasmas, sonolentos...

Monges soturnos deslisando lentos,
Devagarinho, em misteriosos passos...
Perde-se a luz em languidos cansaços...
Ergue-se a minha cruz dos desalentos!

Poeiras de crepúsculos tristonhos,
Lembram-me o fumo leve dos meus sonhos,
A névoa das saudades que deixáste!

Hora em que o teu olhar me deslumbrou...
Hora em que a tua boca me beijou...
Hora em que fumo e névoa te tornáste...

NOTURNO

Amor! Anda o luar, todo bondade,
Beijando a terra, a desfazer-se em luz...
Amor! São os pés brancos de Jesus
Que andam pisando as ruas da cidade!

E eu ponho-me a pensar... Quanta saudade
Das ilusões e risos que em ti puz!
Traçáste em mim os braços duma cruz,
Nêles pregaste a minha mocidade!

Minh'alma, que eu te dei, cheia de máguas,
É nesta noite o nenufar dum lago
Estendendo as azas brancas sobre as águas!

Poisa as mãos nos meus olhos, com carinho,
Fecha-os num beijo dolorido e vago...
E deixa-me chorar devagarinho...

MARIA DAS QUIMÉRAS

Maria das Quiméras me chamou
Alguem... Pelos castelos que eu ergui,
P'las flores d'oiro e azul que a sol teci
Numa téla de sonho que estalou.

Maria das Quiméras me ficou;
Com elas na minh'alma adormeci.
Mas, quando despertei, nem uma vi,
Que da minh'alma, Alguem, tudo levou!

Maria das Quiméras, que fim deste
Ás flores d'oiro e azul que a sol bordáste,
Aos sonhos tresloucados que fizéste?

Pelo mundo, na vida, o que é que esperas?...
Aonde estão os beijos que sonháste,
Maria das Quiméras, sem quiméras?

SAUDADES

Saudades! Sim... talvez... e porque não?...
Se o nosso sonho foi tão alto e forte
Que bem pensára vê-lo até á morte
Deslumbrar-me de luz o coração!

Esquecer! Para quê?... Ah, como é vão!
Que tudo isso, Amôr, nos não importe.
Se ele deixou beleza que conforte
Deve-nos ser sagrado como o pão!

Quantas vezes, Amor, já te esqueci,
Para mais doidamente me lembrar,
Mais doidamente me lembrar de ti!

E quem déra que fosse sempre assim:
Quanto menos quizesse recordar
Mais a saudade andasse presa a mim!

RUINAS

Se é sempre outono o rir das primavéras,
Castelos, um a um, deixa-os cair...
Que a vida é um constante derruir
De palácios do Reino das Quiméras!

E deixa sobre as ruinas crescer heras,
Deixa-as beijar as pedras e florir!
Que a vida é um continuo destruir
De palácios do Reino das Quiméras!

Deixa tombar meus rútilos castelos!
Tenho ainda mais sonhos para ergue-los
Mais alto do que as águias pelo ar!

Sonhos que tombam! Derrocada louca!
São como os beijos duma linda bôca!
Sonhos!... Deixa-os tombar... deixa-os
tombar...

CREPÚSCULO

Teus olhos, borboletas de oiro, ardentes
Borboletas de sol, de azas maguadas,
Poisam nos meus, suaves e cançadas,
Como em dois lirios rôxos e dolentes...

E os lirios fecham... Meu amôr não sentes?
Minha bôca tem rosas desmaiadas,
E as minhas pobres mãos são maceradas
Como vagas saudades de doentes...

O Silencio abre as mãos... entorna rosas...
Andam no ar caricias vaporosas
Como pálidas sedas, arrastando...

E a tua boca rubra ao pé da minha
É na suavidade da tardinha
Um coração ardente, palpitando...

ODIO?

Á Aurora Aboim

Odio por ele? Não... Se o amei tanto,
Se tanto bem lhe quiz no meu passado,
Se o encontrei depois de o ter sonhado,
Se á vida assim roubei todo o encanto...

Que importa se mentiu? E se hoje o pranto
Turva o meu triste olhar, marmorisado,
Olhar de monja, trágico, gelado
Como um soturno e enorme Campo Santo!

Ah! nunca mais amá-lo é já bastante!
Quero senti-lo d'outra, bem distante,
Como se fôra meu, calma e serena!

Odio seria em mim saudade infinda,
Mágua de o ter perdido, amôr ainda.
Odio por ele? Não... não vale a pêna...

RENUNCIA

A minha mocidade outrora eu puz
No tranquilo convento da Tristeza;
Lá passa dias, noites, sempre presa,
Olhos fechados, magras mãos em cruz...

Lá fóra, a Lua, Satanaz, seduz!
Desdobra-se em requintes de Beleza...
É como um beijo ardente a Natureza...
A minha céla é como um rio de luz...

Fecha os teus olhos bem! Não vejas nada!
Empalidece mais! E, resignada,
Prende os teus braços a uma cruz maior!

Géla ainda a mortalha que te encerra!
Enche a boca de cinzas e de terra,
Ó minha mocidade toda em flôr!

A VIDA

É vão o amôr, o odio, ou o desdem;
Inutil o desejo e o sentimento...
Lançar um grande amôr aos pés d'alguem
O mesmo é que lançar flôres ao vento!

Todos somos no mundo «Pedro Sem»,
Uma alegria é feita dum tormento,
Um riso é sempre o eco dum lamento,
Sabe-se lá um beijo d'onde vem!

A mais nobre ilusão morre... desfaz-se...
Uma saudade morta em nós renasce
Que no mesmo momento é já perdida...

Amar-te a vida inteira eu não podia.
A gente esquece sempre o bem dum dia.
Que queres, meu Amôr, se é isto a Vida!...

HORAS RUBRAS

Horas profundas, lentas e caladas
Feitas de beijos sensuais e ardentes,
De noites de volupia, noites quentes
Onde ha risos de virgens desmaiadas...

Oiço as olaias rindo desgrenhadas...
Tombam astros em fogo, astros dementes,
E do luar os beijos languescentes
São pedaços de prata p'las estradas...

Os meus lábios são brancos como lagos...
Os meus braços são leves como afagos,
Vestiu-os o luar de sedas puras...

Sou chama e neve branca e misteriosa...
E sou, talvez, na noite voluptuosa,
Ó meu Poeta, o beijo que procuras!

SUAVIDADE

Poisa a tua cabeça dolorida
Tão cheia de quiméras, de ideal,
Sobre o regaço brando e maternal
Da tua doce Irmã compadecida.

Has de contar-me nessa voz tão qu'rida
A tua dôr que julgas sem igual,
E eu, p'ra te consolar, direi o mal
Que á minha alma profunda fez a Vida.

E has de adormecer nos meus joelhos...
E os meus dedos enrugados, velhos,
Hão de fazer-se leves e suaves...

Hão de poisar-se num fervôr de crente,
Rosas brancas tombando dôcemente.
Sobre o teu rosto, como penas d'aves...

PRINCEZA DESALENTO

Minh'alma é a Princesa Desalento,
Como um Poeta lhe chamou, um dia.
É maguada e pálida e sombria,
Como soluços trágicos do vento!

É fragil como o sonho dum momento;
Soturna como préces de agonia,
Vive do riso d'uma bôca fria:
Minh'alma é a Princeza Desalento...

Altas horas da noite ela vagueia...
E ao luar suavissimo, que anceia,
Põe-se a falar de tanta coisa morta!

O luar ouve a minh'alma, ajoelhado,
E vai traçar, fantástico e gelado,
A sombra d'uma cruz á tua porta...

SOMBRA

De olheiras rôxas, rôxas, quasi prêtas,
De olhos limpidos, dôces, languescentes,
Lagos em calma, pálidos, dormentes
Onde se debruçassem violetas...

De mãos esguias, finas hastes quietas,
Que o vento não baloiça em noites quentes...
Noturno de Chopin... risos dolentes...
Versos tristes em sonhos de Poetas...

Beijo dôce de aromas perturbantes...
Rosal bendito que dá rosas... Dantes
Esta era Eu e Eu era a Idolatrada!...

Oh! tanta cinza morta... o vento a leve!
Vou sendo agora em ti a sombra leve
D'alguem que dobra a curva duma estrada...

HORA QUE PASSA

Vejo-me triste, abandonada e só
Bem como um cão sem dôno e que o procura,
Mais pobre e despresada do que Job
A caminhar na via da amargura!

Judeu Errante que a ninguem faz dó!
Minh'alma triste, dolorida e escura,
Minh'alma sem amôr é cinza e pó,
Vaga roubada ao Mar da Desventura!

Que tragédia tão funda no meu peito!...
Quanta ilusão morrendo que esvoaça!
Quanto sonho a nascer e já desfeito!

Deus! Como é triste a hora quando morre...
O instante que foge, vôa, e passa...
Fiosinho d'agua triste... a vida corre...

DA MINHA JANELA

Mar alto! Ondas quebradas e vencidas
Num soluçar aflito e murmurado...
Vôo de gaivotas, leve, imaculado,
Como neves nos píncaros nascidas!

Sol! Ave a tombar, azas já feridas,
Batendo ainda num arfar pausado...
Ó meu dôce poente torturado
Rezo-te em mim, chorando, mãos erguidas!

Meu verso de Samain cheio de graça,
'Inda não és clarão já és luar
Como um branco lilaz que se desfaça!

Amôr! Teu coração trago-o no peito...
Pulsa dentro de mim como este mar
Num beijo eterno, assim, nunca desfeito!...

SOL POENTE

Tardinha... «Avè Maria, Mãe de Deus...»
E reza a voz dos sinos e das noras...
O sol que morre tem clarões d'auroras,
Águia que bate as azas pelos ceus!

Horas que tem a côr dos olhos teus...
Horas evocadoras d'outras horas...
Lembranças de fantásticos outroras,
De sonhos que não tenho e que eram meus!

Horas em que as saudades, p'las estradas,
Inclinam as cabeças mart'risadas
E ficam pensativas... meditando...

Morrem verbenas silenciosamente...
E o rubro sol da tua bôca ardente
Vai-me a pálida bôca desfolhando...

EXALTAÇÃO

Viver!... Beber o vento e o sol!... Erguer
Ao céu os corações a palpitar!
Deus fez os nossos braços p'ra prender,
E a bôca fez-se sangue p'ra beijar!

A chama, sempre rubra, ao alto, a arder!...
Azas sempre perdidas a pairar,
Mais alto para as estrelas desprender!...
A glória!... A fama!... O orgulho de crear!...

Da vida tenho o mel e tenho os travos
No lago dos meus olhos de violetas,
Nos meus beijos extáticos, pagãos!...

Trago na bôca o coração dos cravos!
Boémios, vagabundos, e poetas:—
Como eu sou vossa Irmã, ó meus Irmãos!...

LIVRO DE MÁGUAS

A meu Pai

Ao meu melhor amigo

Á querida Alma irmã da minha,

Ao meu Irmão

Procuremos sòmente a Beleza, que a vida
É um punhado infantil de areia resequida,
Um som dágua ou de bronze e uma sombra
que passa...

EUGÉNIO DE CASTRO.

Isolés dans l'amour ainsi qu'en un bois noir,
Nos deux coeurs, exalant leur tendresse
paisible,
Seront deux rossignols qui chantent dans le
soir.

VERLAINE.

ÊSTE LIVRO...

Êste livro é de máguas. Desgraçados
Que no mundo passais, chorae ao lê-lo!
Sòmente a vossa dor de Torturados
Pode, talvez, senti-lo... e compreendê-lo...

Este livro é p'ra vós, Abençoados
Os que o sentirem, sem sêr bom nem belo!
Bíblia de tristes... Ó Desventurados,
Que a vossa imensa dôr se acalme ao vê-lo!

Livro de Máguas... Dôres... Ansiedades!
Livro de Sombras... Névoas... e Saudades!
Vai pelo mundo... (Trouxe-o no meu seio...)

Irmãos na Dôr, os olhos razos de agua,
Chorae comigo a minha imensa mágua,
Lendo o meu livro só de máguas cheio!...

VAIDADE

Sonho que sou a Poetisa eleita,
Aquela que diz tudo e tudo sabe,
Que tem a inspiração pura e perfeita,
Que reúne num verso a imensidade!

Sonho que um verso meu tem claridade
Para encher todo o mundo! E que deleita
Mesmo aqueles que morrem de saudade!
Mesmo os de alma profunda e insatisfeita!

Sonho que sou Alguem cá neste mundo...
Aquela de saber vasto e profundo,
Aos pés de quem a terra anda curvada!

E quando mais no ceu eu vou sonhando,
E quando mais no alto ando voando,
Acordo do meu sonho...
                        E não sou nada!...

EU...

Eu sou a que no mundo anda perdida,
Eu sou a que na vida não tem norte,
Sou a irmã do Sonho, e desta sorte
Sou a crucificada... a dolorida...

Sombra de névoa ténue e esvaecida,
E que o destino amargo, triste e forte,
Impele brutalmente para a morte!
Alma de luto sempre incompreendida!...

Sou aquela que passa e ninguem vê...
Sou a que chamam triste sem o sêr...
Sou a que chora sem saber porquê...

Sou talvez a visão que Alguem sonhou,
Alguem que veio ao mundo p'ra me vêr,
E que nunca na vida me encontrou!

CASTELÃ DA TRISTÊSA

Altiva e couraçada de desdem,
Vivo sòsinha em meu castelo: a Dôr!
Passa por êle a luz de todo o amôr....
E nunca em meu castelo entrou alguem!

Castelã da Tristêsa, vês?... A quem?!...
—E o meu olhar é interrogadôr—
Perscruto, ao longe, as sombras do sol-pôr...
Chora o silêncio... nada... ninguem vem...

Castelã da Tristêsa, porque choras
Lendo, toda de branco, um livro de oras,
Á sombra rendilhada dos vitrais?...

Á noite, debruçada p'las ameias,
Porque rezas baixinho?... Porque anseias?...
Que sonho afagam tuas mãos reais?...

TORTURA

Tirar dentro do peito a Emoção,
A lucida Verdade, o Sentimento!
—E ser, depois de vir do coração,
Um punhado de cinza esparso ao vento!...

Sonhar um verso d'alto pensamento,
E puro como um rythmo d'oração!
—E ser, depois de vir do coração,
O pó, o nada, o sonho dum momento!...

São assim ôcos, rudes, os meus versos:
Rimas perdidas, vendavaes dispersos,
Com que eu iludo os outros, com que minto!

Quem me déra encontrar o verso puro,
O verso altivo e forte, extranho e duro,
Que dissesse, a chorar, isto que sinto!!

LÁGRIMAS OCULTAS

Se me ponho a scismar em outras éras
Em que ri e cantei, em que era qu'rida,
Parece-me que foi noutras esféras,
Parece-me que foi numa outra vida...

E a minha triste bôca dolorida
Que dantes tinha o rir das primavéras,
Esbate as linhas graves e severas
E cae num abandôno de esquecida!

E fico, pensativa, olhando o vago...
Toma a brandura plácida dum lago
O meu rôsto de monja de marfim...

E as lágrimas que choro, branca e calma,
Ninguem as vê brotar dentro da alma!
Ninguem as vê cair dentro de mim!

TORRE DE NÉVOA

Subi ao alto, á minha Torre esguia,
Feita de fumo, névoas e luar,
E puz-me, comovida, a conversar
Com os poetas mortos, todo o dia.

Contei-lhes os meus sonhos, a alegria
Dos versos que são meus, do meu sonhar,
E todos os poetas, a chorar,
Responderam-me então: «Que fantasia,

Creança doida e crente! Nós tambêm
Tivemos ilusões, como ninguem,
E tudo nos fugiu, tudo morreu!...»

Calaram-se os poetas, tristemente...
E é desde então que eu choro amargamente
Na minha Torre esguia junto ao Ceu!...

A MINHA DÔR

A Você

A minha Dôr é um convento ideal
Cheio de claustros, sombras, arcarias,
Aonde a pedra em convulsões sombrias
Tem linhas dum requinte escultural.

Os sinos teem dobres d'agonias
Ao gemer, comovidos, o seu mal...
E todos teem sons de funeral
Ao bater horas, no correr dos dias...

A minha Dôr é um convento. Ha lírios
Dum roxo macerado de martírios,
Tão belos como nunca os viu alguem!

Nesse triste convento aonde eu móro,
Noites e dias reso e grito e chóro!
E ninguem ouve... ninguem vê... ninguem...

DIZÊRES INTIMOS

É tão triste morrer na minha idade!
E vou ver os meus olhos, penitentes
Vestidinhos de rôxo, como crentes
Do soturno convento da Saudade!

E logo vou olhar (com que ansiedade!...)
As minhas mãos esguias, languescentes,
De brancos dedos, uns bébés doentes
Que hão de morrer em plena mocidade!

E ser-se novo é ter-se o Paraiso,
É ter-se a estrada larga, ao sol, florida,
Aonde tudo é luz e graça e riso!

E os meus vinte e tres anos... (Sou tão nova!)
Dizem baixinho a rir: «Que linda a vida!...»
Responde a minha Dôr: «Que linda a cova!»

AS MINHAS ILUSÕES

Hora sagrada dum entardecer
D'Outono, á beira mar, côr de safira.
Sôa no ar uma invisivel lira...
O sol é um doente a enlanguescer...

A vaga estende os braços a suster,
Numa dôr de revolta cheia de ira,
A doirada cabeça que delira
Num último suspiro, a estremecer!

O sol morreu... e veste luto o mar...
E eu vejo a urna d'oiro, a baloiçar,
Á flôr das ondas, num lençol d'espuma!

As minhas Ilusões, dôce tesoiro,
Tambem as vi levar em urna d'oiro,
No Mar da Vida, assim... uma por uma...

NEURASTENIA

Sinto hoje a alma cheia de tristesa!
Um sino dobra em mim, Ave Marias!
Lá fôra, a chuva, brancas mãos esguias,
Faz na vidraça rendas de Venesa...

O vento desgrenhado, chora e resa
Por alma dos que estão nas agonias!
E flocos de neve, aves brancas, frias,
Batem as azas pela Natureza...

Chuva... tenho tristesa! Mas porquê?!
Vento... tenho saudades! Mas de quê?!
Ó neve que destino triste o nosso!

Ó chuva! Ó vento! Ó neve! Que tortura!
Gritem ao mundo inteiro esta amargura,
Digam isto que sinto que eu não posso!!...

PEQUENINA

Á Maria Helena Falcão Risques

És pequenina e ris... A bôca breve
É um pequeno idílio côr de rosa...
Haste de lírio frágil e mimosa!
Cofre de beijos feito sonho e neve!

Dôce quimera que a nossa alma deve
Ao Ceu que assim te fez tão graciosa!
Que nesta vida amarga e tormentosa
Te fez nascer como um perfume leve!

O ver o teu olhar faz bem á gente...
E cheira e sabe, a nossa bôca, a flôres
Quando o teu nome diz, suavemente...

Pequenina que a Mãe de Deus sonhou,
Que ela afaste de ti aquelas dôres
Que fizeram de mim isto que sou!

A MAIOR TORTURA

A um grande poeta de Portugal

Na vida, para mim, não ha deleite.
Ando a chorar convulsa noite e dia...
E não tenho uma sombra fugidía
Onde poise a cabeça, onde me deite!

E nem flôr de lilaz tenho que enfeite
A minha atroz, imensa nostalgia!...
A minha pobre Mãe tão branca e fria
Deu-me a beber a Magua no seu leite!

Poeta, eu sou um cardo despresado,
A urze que se pisa sob os pés.
Sou, como tu, um riso desgraçado!

Mas a minha tortura inda é maior:
Não ser poeta assim como tu és,
Para gritar num verso a minha Dôr!...

A FLÔR DO SONHO

A Flôr do Sonho alvissima, divina
Miraculosamente abriu em mim,
Como se uma magnolia de setim
Fosse florir num muro todo em ruina.

Pende em meio seio a haste branda e fina
E não posso entender como é que, emfim,
Essa tão rara flôr abriu assim!...
Milagre... fantasia... ou talvez, sina...

Ó Flôr que em mim nascêste sem abrolhos,
Que tem que sejam tristes os meus olhos
Se eles são tristes pelo amôr de ti?!...

Desde que em mim nascêste em noite calma,
Voou ao longe a aza da minh'alma
E nunca, nunca mais eu me entendi...

NOITE DE SAUDADE

A Noite vem poisando devagar
Sobre a terra que inunda de amargura...
E nem sequer a benção do luar
A quiz tornar divinamente pura...

Ninguem vem atraz dela a acompanhar
A sua dôr que é cheia de tortura...
E eu oiço a Noite imensa soluçar!
E eu oiço soluçar a Noite escura!

Porque és assim tão 'scura, assim tão triste?!
É que, talvez, ó Noite, em ti existe
Uma Saudade egual á que eu contenho!

Saudade que eu nem sei donde me vem...
Talvez de ti, ó Noite!... Ou de ninguem!...
Que eu nunca sei quem sou, nem o que
tenho!!

ANGUSTIA

Tortura do pensar! Triste lamento!
Quem nos déra calar a tua voz!
Quem nos déra cá dentro, muito a sós,
Estrangular a hidra num momento!

E não se quer pensar!... E o pensamento
Sempre a morder-nos bem, dentro de nós...
Qu'rer apagar no Ceu— Ó sonho atroz!—
O brilho duma estrela, com o vento!...

E não se apaga, não... nada se apaga!
Vem sempre rastejando como a vaga...
Vem sempre perguntando. «O que te
resta?...»

Ah! não ser mais que o vago, o infinito!
Ser pedaço de gelo, ser granito,
Ser rugido de tigre na floresta!

AMIGA

Deixa-me ser a tua amiga, Amôr;
A tua amiga só, já que não queres
Que pelo teu amôr seja a melhor
A mais triste de todas as mulheres.

Que só, de ti, me venha mágua e dôr
O que me importa a mim?! O que quiséres
É sempre um sonho bom! Seja o que fôr
Bemdito sejas tu por m'o dizêres!

Beija-me as mãos, Amôr, devagarinho...
Como se os dois nascessemos irmãos,
Aves cantando, ao sol, no mesmo ninho...

Beija-mas bem!... Que fantasia louca
Guardar assim, fechados, nestas mãos,
Os beijos que sonhei p'rá minha bôca!...

DESEJOS VÃOS

Eu qu'ria ser o Mar d'altivo porte
Que ri e canta, a vastidão imensa!
Eu qu'ria ser a pedra que não pensa,
A Pedra do caminho, rude e forte!

Eu qu'ria ser o Sol, a luz intensa,
O bem do que é humilde e não tem sorte!
Eu qu'ria ser a arvore tôsca e densa
Que ri do mundo vão e até da morte!

[86]Mas o Mar tambêm chora de tristesa...
As Arvores tambêm, como quem resa,
Abrem, aos Ceus, os braços, como um crente!

E o Sol altivo e forte, ao fim dum dia,
Tem lágrimas de sangue na agonia!
E as Pedras... essas... pisa-as toda a gente!...

PEOR VELHICE

Sou velha e triste. Nunca o alvorecer
Dum riso são andou na minha bôca!
Gritando que me acudam, em voz rouca,
Eu, naufraga da Vida, ando a morrer!

A Vida que ao nascer enfeita e touca
D'alvas rosas, a fronte da mulher,
Na minha fronte mística de louca
Martírios só poisou a emurchecer!

E dizem que sou nova... A mocidade
Estará só, então, na nossa idade,
Ou está em nós e em nosso peito mora?!...

Tenho a peor velhice, a que é mais triste,
Aquela onde nem sequer existe
Lembrança de ter sido nova... outróra...

A UM LIVRO

No silêncio de cinzas do meu Ser
Agita-se uma sombra de cypreste.
Sombra roubada ao livro que ando a ler,
A esse livro de máguas que me deste.

Extranho livro aquele que escreveste
Artista da saudade e do sofrer!
Extranho livro aquele em que puzéste
Tudo o que eu sinto, sem poder dizer!

Leio-o e folhêio, assim, toda a minh'alma!
O livro que me déste é meu e psalma
As orações que choro e rio e canto!...

Poeta egual a mim, ai quem me déra
Dizer o que tu dizes!... Quem soubéra
Velar a minha Dôr desse teu manto!...

ALMA PERDIDA

Toda esta noite o rouxinol chorou,
Gemeu, rezou, gritou perdidamente!
Alma de rouxinol, alma da gente,
Tu és, talvez, alguem que se finou!

Tu és, talvez, um sonho que passou,
Que se fundiu na Dôr, suavemente...
Talvez sejas a alma, alma doente
D'alguem que quiz amar e nunca amou!

Toda a noite choraste... e eu chorei
Talvez porque, ao ouvir-te, adivinhei
Que ninguem é mais triste do que nós!

Contaste tanta coisa á noite calma,
Que eu pensei que tu eras a minh'alma
Que chorasse perdida em tua voz!...

DE JOELHOS

«Bendita seja a Mãe que te gerou.»
Bendito o leite que te fez crescer.
Bendito o berço aonde te embalou
A tua ama, p'ra te adormecer!

Bendita essa canção que acalentou
Da tua vida o dôce alvorecer...
Bendita seja a lua que inundou
De luz, a terra, só para te vêr...

Benditos sejam todos que te amarem,
As que em volta de ti ajoelharem,
Numa grande paixão fervente e louca!

E se mais que eu, um dia, te quiser
Alguem, bendita seja essa Mulher,
Bendito seja o beijo dessa bôca!!

LANGUIDEZ

Tardes da minha terra, dôce encanto,
Tardes duma puresa d'açucenas,
Tardes de sonho, as tardes de novenas,
Tardes de Portugal, as tardes d'Anto.

Como eu vos quero e amo! Tanto! Tanto!...
Horas benditas, leves como pênas,
Horas de fumo e cinza, horas serênas,
Minhas horas de dôr em que eu sou santo!

Fecho as palpebras rôxas, quasi pretas,
Que poisam sôbre duas violetas,
Azas leves cançadas de voar...

E a minha bôca tem uns beijos mudos...
E as minhas mãos, uns pálidos veludos,
Traçam gestos de sonho pelo ar...

PARA QUÊ?!

Tudo é vaidade neste mundo vão...
Tudo é tristesa; tudo é pó, é nada!
E mal desponta em nós a madrugada,
Vem logo a noite encher o coração!

Até o amôr nos mente, essa canção
Que o nosso peito ri á gargalhada,
Flôr que é nascida e logo desfolhada,
Pétalas que se pisam pelo chão!...

Beijos d'amôr! P'ra quê?!... Tristes vaidades!
Sonhos que logo são realidades,
Que nos deixam a alma como morta!

Só acredita neles quem é louca!
Beijos d'amor que vão de bôca em bôca,
Como pobres que vão de porta em porta!...

AO VENTO

O vento passa a rir, torna a passar,
Em gargalhadas asp'ras de demente;
E esta minh'alma trágica e doente
Não sabe se ha de rir, se ha de chorar!

Vento de voz tristonha, voz plangente,
Vento que ris de mim, sempre a troçar,
Vento que ris do mundo e do amar,
A tua voz tortura toda a gente!...

Vale-te mais chorar, meu pobre amigo!
Desabafa essa dôr a sós comigo,
E não rias assim!... Ó vento, chóra!

Que eu bem conheço, amigo, êsse fadário
Do nosso peito ser como um Calvario,
E a gente andar a rir p'la vida fóra!!...

TÉDIO

Passo pálida e triste. Oiço dizer
«Que branca que ela é! Parece morta!»
E eu que vou sonhando, vaga, absorta,
Não tenho um gesto, ou um olhar sequer...

Que diga o mundo e a gente o que quizer!
—O que é que isso me faz?... O que me
importa?...
O frio que trago dentro gela e corta
Tudo que é sonho e graça na mulher!

O que é que isso me importa?! Essa tristesa
É menos dôr intensa que friesa,
É um tédio profundo de viver!

E é tudo sempre o mesmo, eternamente...
O mesmo lago plácido, dormente...
E os dias, sempre os mesmos, a correr...

A MINHA TRAGÉDIA

Tenho ódio á luz e raiva á claridade
Do sol, alegre, quente, na subida.
Parece que a minh'alma é perseguida
Por um carrasco cheio de maldade!

Ó minha vã, inutil mocidade
Trazes-me embriagada, entontecida!...
Duns beijos que me déste, noutra vida,
Trago em meus lábios rôxos, a saudade!...

Eu não gosto do sol, eu tenho medo
Que me leiam nos olhos o segrêdo
De não amar ninguem, de ser assim!

Gosto da Noite imensa, triste, preta,
Como esta extranha e doida borboleta
Que eu sinto sempre a voltejar em mim!...

SEM REMÉDIO

Aqueles que me teem muito amôr
Não sabem o que sinto e o que sou...
Não sabem que passou, um dia, a Dôr,
Á minha porta e, nesse dia, entrou.

E é desde então que eu sinto êste pavôr,
Este frio que anda em mim, e que gelou
O que de bom me deu Nosso Senhor!
Se eu nem sei por onde ando e onde vou!!

Sinto os passos da Dôr, essa cadência
Que é já tortura infinda, que é demência!
Que é já vontade doida de gritar!

E é sempre a mesma mágua, o mesmo tédio,
A mesma angústia funda, sem remédio,
Andando atraz de mim, sem me largar!...

MAIS TRISTE

É triste, diz a gente, a vastidão
Do Mar imenso! E aquela voz fatal
Com que êle fala, agita o nosso mal!
E a Noite é triste como a Extrema Unção!

É triste e dilacera o coração
Um poente do nosso Portugal!
E não veem que eu sou... eu... afinal,
A coisa mais maguada das que o são?!...

Poentes d'agonia trago-os eu
Dentro de mim e tudo quanto é meu
É um triste poente d'amargura!

E a vastidão do Mar, toda essa agua
Trago-a dentro de mim num Mar de Mágua!
E a Noite sou eu própria! A Noite escura!!

VELHINHA

Se os que me viram já cheia de graça
Olharem bem de frente para mim,
Talvez, cheios de dôr, digam assim:
«Já ela é velha! Como o tempo passa!...»

Não sei rir e cantar por mais que faça!
Ó minhas mãos talhadas em marfim,
Deixem esse fio d'oiro que esvoaça!
Deixem correr a vida até ao fim!

Tenho vinte e tres anos! Sou velhinha!
Tenho cabelos brancos e sou crente...
Já murmuro orações... falo sòsinha...

E o bando côr de rosa dos carinhos
Que tu me fazes, olho-os indulgente,
Como se fosse um bando de nètinhos...

EM BUSCA DO AMOR

O meu Destino disse-me a chorar:
«Pela estrada da Vida vae andando;
E, aos que vires passar, interrogando
Acerca do Amôr que has de êncontrar.»

Fui pela estrada a rir e a cantar,
As contas do meu sonho desfiando...
E noite e dia, á chuva e ao luar,
Fuí sempre caminhando e perguntando...

Mesmo a um velho eu perguntei: «Velhinho,
Viste o Amôr acaso em teu caminho?»
E o velho estremeceu... olhou... e riu...

Agora pela estrada, já cançados
Voltam todos p'ra traz, desanimados...
E eu paro a murmurar: Ninguem o viu!...»

IMPOSSIVEL

Disseram-me hoje, assim, ao vêr-me triste:
«Parece Sexta Feira de Paixão.
Sempre a scismar, scismar, d'olhos no chão,
Sempre a pensar na dôr que não existe...

O que é que tem?! Tão nova e sempre triste!
Faça por 'star contente! Pois então?!...»
Quando se sofre o que se diz é vão...
Meu coração, tudo, calado ouviste...

Os meus males ninguem mos adivinha...
A minha Dôr não fala, anda sòsinha...
Dissesse ela o que sente! Ai quem me déra!...

Os males d'Anto toda a gente os sabe!
Os meus... ninguem... A minha Dôr não cabe
Nos cem milhões de versos que eu fizéra!...

Printed in France by Amazon
Brétigny-sur-Orge, FR

15999048R00047